Como un profesional

La natación

Aaron Carr

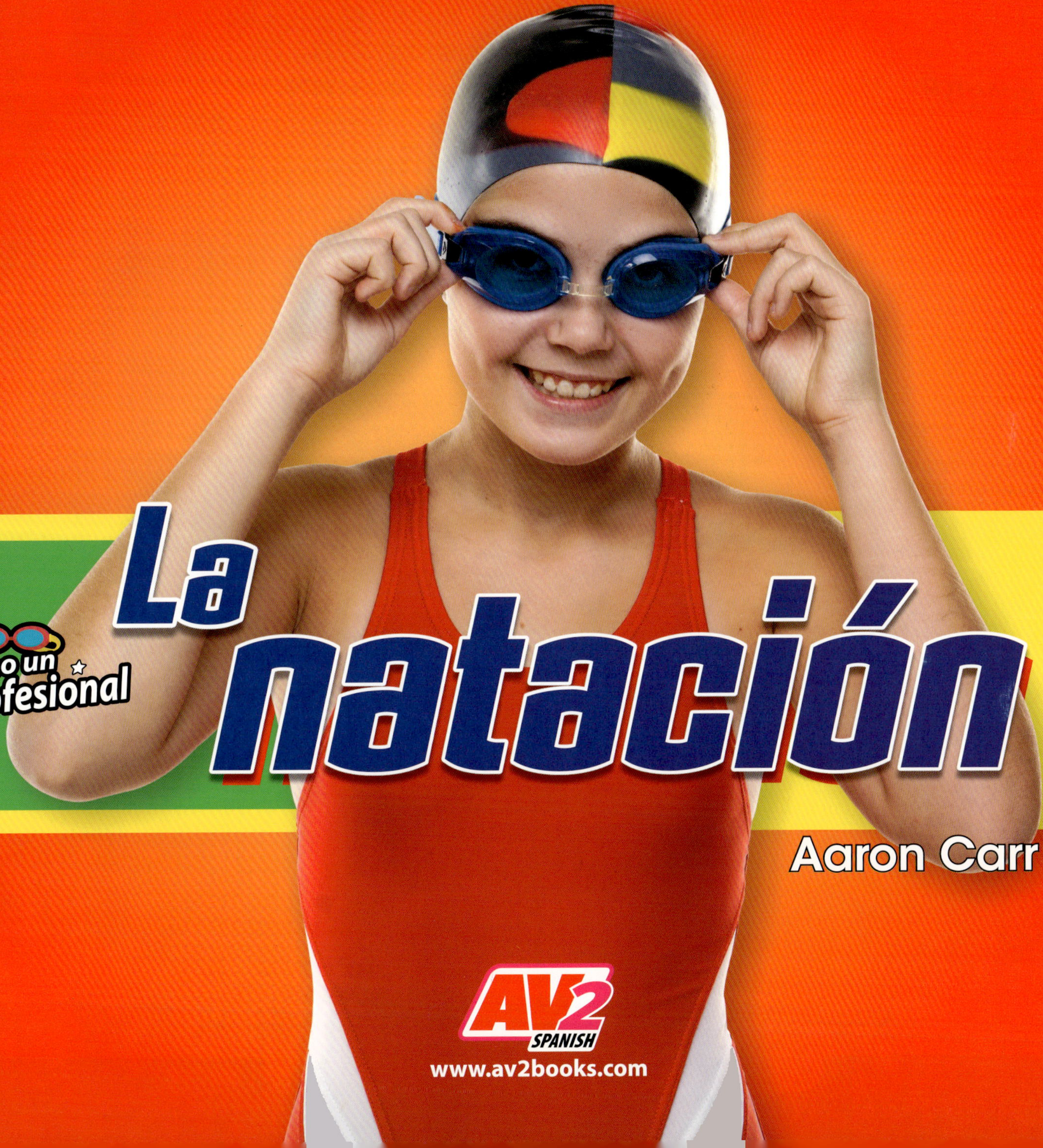

AV2 SPANISH

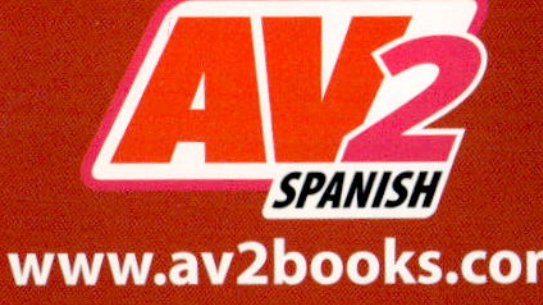

www.av2books.com

Step 1
Go to **www.av2books.com**

Step 2
Enter this unique code
AVR92292

Step 3
Explore your interactive eBook!

AV2 Spanish is optimized for use on any device

Media Enhanced Book
Every hardcover Spanish title comes with two free eBooks for a complete bilingual experience

AV2 Page Controls
An intuitive design allows users to go back and forth through the pages in their selected language

Language Toggle
Users can toggle between Spanish and English to learn the vocabulary of both languages

View new titles and product videos at www.av2books.com

La natación

Contenidos

Me encanta nadar.
Hoy voy a practicar natación.

La natación fue parte de los primeros Juegos Olímpicos modernos.

Me preparo para nadar. Me pongo mi traje de baño.

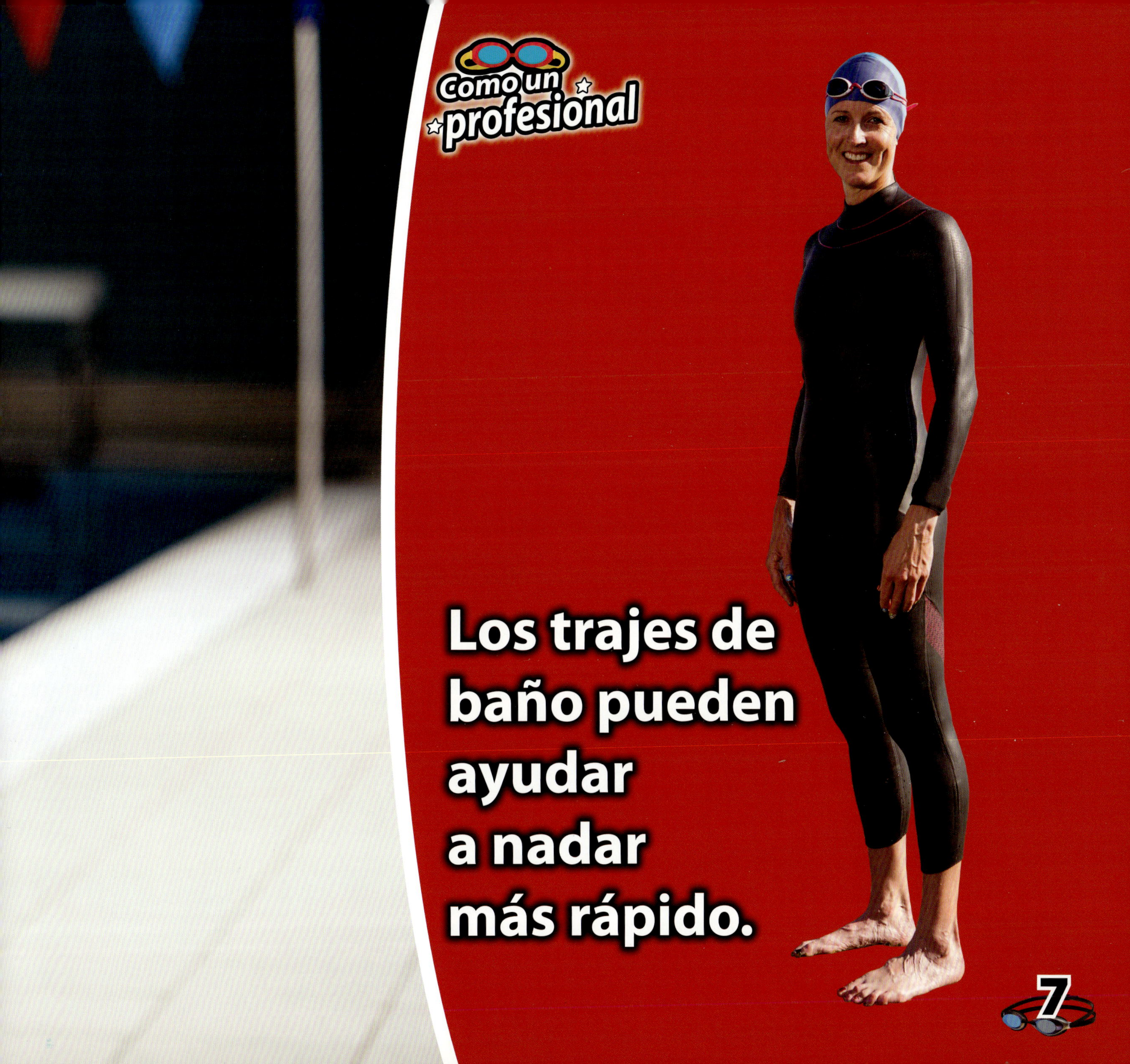

Los trajes de baño pueden ayudar a nadar más rápido.

También me pongo una gorra de natación para que no se me moje el pelo.

Las gorras de natación ayudan a los nadadores a moverse por el agua.

Para nadar, voy a la piscina. Me pongo el traje de baño en el vestuario.

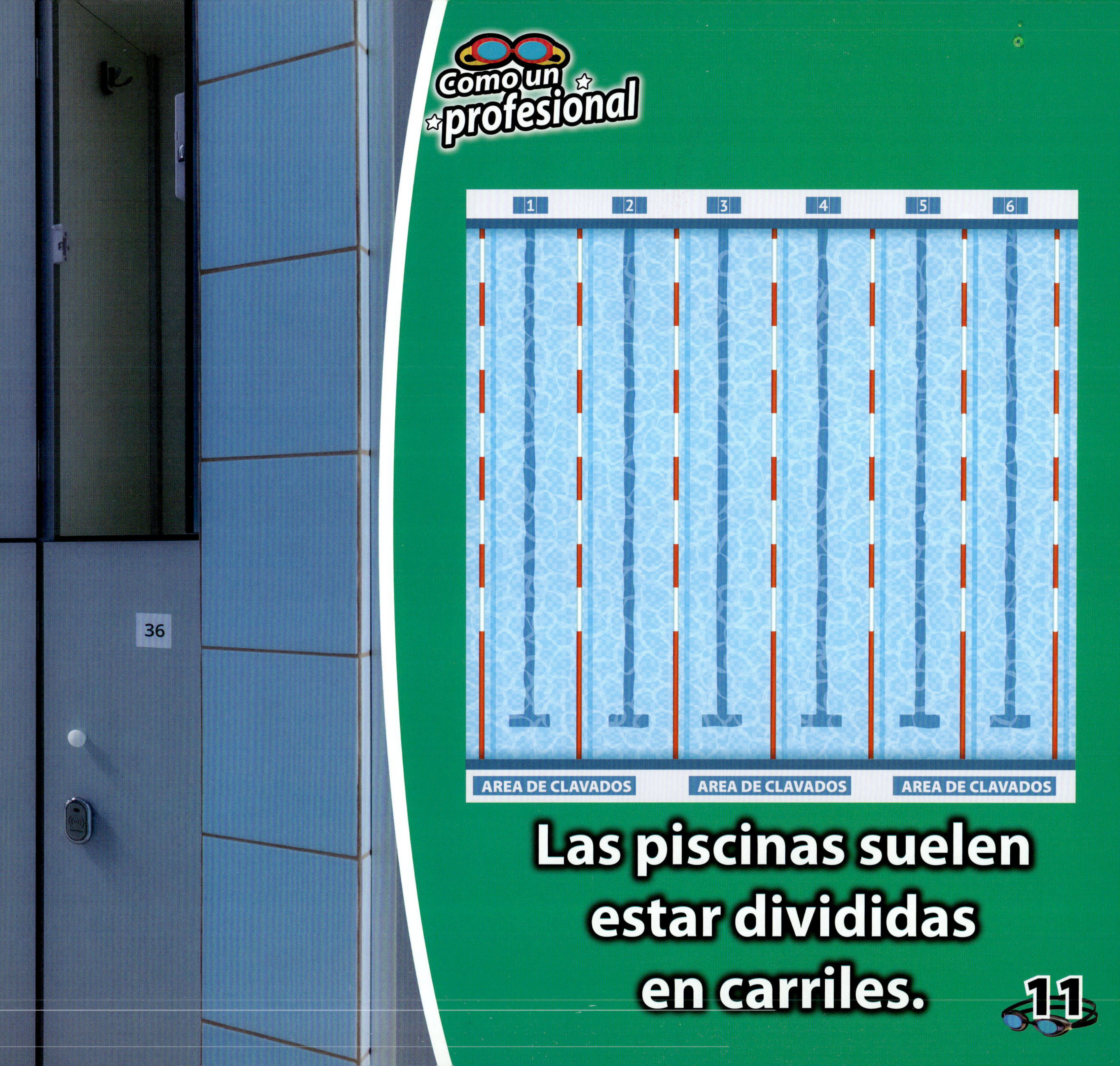

Las piscinas suelen estar divididas en carriles.

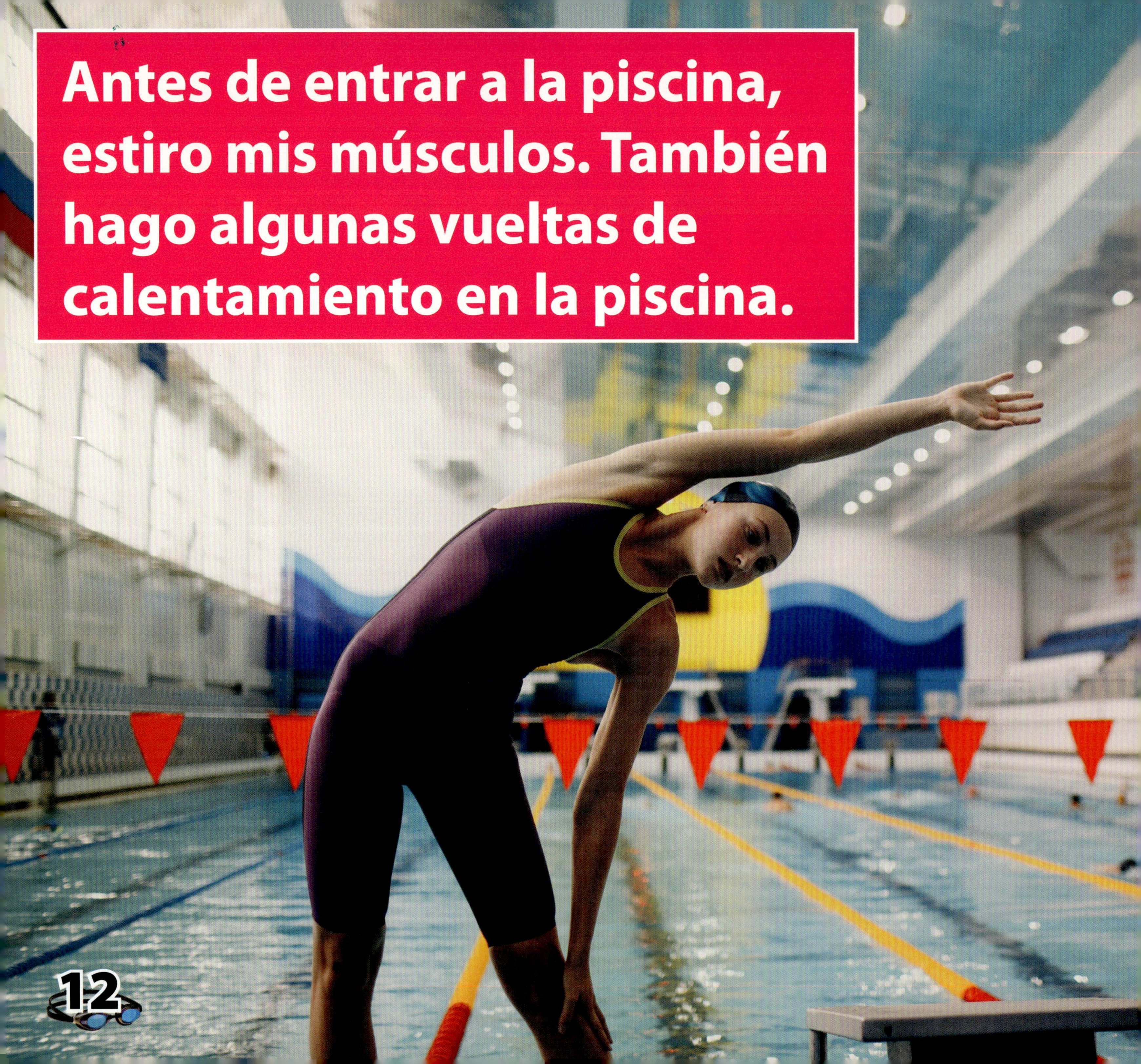

Antes de entrar a la piscina, estiro mis músculos. También hago algunas vueltas de calentamiento en la piscina.

El calentamiento ayuda al cuerpo a preparase para nadar.

Corro carreras de natación con otros nadadores. El más veloz gana la carrera.

Los nadadores comienzan las carreras desde la plataforma de salida.

Corro en diferentes competencias. Cada competencia tiene un estilo de natación diferente.

Hay cuatro estilos de natación principales.

Soy parte de un equipo de natación. Todos usamos el mismo color de traje de baño y gorra.

Los equipos de natación corren juntos en las carreras de relevos.

Me encanta la natación.

DATOS SOBRE LA NATACIÓN

Esta página contiene más detalles sobre los interesantes datos de este libro. Simplemente, fíjate en el número de página al que corresponde el dato.

Páginas 4–5

¿Qué es la natación? La gente ha participado en competencias de natación desde hace miles de años. Las primeras carreras de natación se realizaban en cuerpos de agua naturales, como lagos y ríos. Los antiguos romanos fueron los primeros en construir grandes piscinas de natación, pero la natación competitiva recién se popularizó en el siglo 19, cuando se formaron las primeras organizaciones de natación. En los primeros Juegos Olímpicos modernos de 1896, se realizaron cuatro competencias de natación.

Páginas 6–7

Qué me pongo Los trajes de baño pueden ser tan simples como un short de natación para los varones o un traje de baño de dos piezas para las mujeres. Estos trajes se usan por comodidad o estética. Los trajes de baño de competición ayudan a nadar más rápido. Las mujeres usan trajes de una sola pieza que cubre desde los hombros hasta las caderas. Hay otros tipos de trajes que también cubren los brazos y la parte superior de la pierna, hasta la rodilla. Los varones pueden usar trajes de baño tipo slip o bermudas. Los slips dejan toda la pierna descubierta mientras que los bermudas llegan hasta justo arriba de la rodilla.

Páginas 8–9

Qué necesito Además del traje de baño, la mayoría de los nadadores también usan una gorra de natación, que es una gorra ajustada hecha de un material parecido a la goma, como silicona o látex. La gorra de natación cubre el cabello y la parte superior de las orejas, y eso ayuda a abrirse paso por el agua y nadar más rápido. También se usa para evitar que entre agua en los oídos y que el cabello esté en contacto con el cloro. A algunos nadadores también les gusta usar anteojos para que no les entre agua en los ojos.

Páginas 10–11

Dónde nado Se puede nadar en prácticamente cualquier cuerpo de agua, mientras sea lo suficientemente grande y profundo para nadar. Pero, la natación competitiva se suele realizar en piscinas de natación cubiertas. La mayoría de las competencias se realizan en piscinas olímpicas. Estas piscinas tienen 160 pies (50 metros) de largo, 82 pies (25 m) de ancho y al menos 6,6 pies (2 m) de profundidad. La piscina está dividida en ocho carriles separados por sogas de colores.

Páginas 12–13

El calentamiento Es buena idea calentar los músculos antes de correr una carrera de natación. Una buena rutina de calentamiento puede incluir una variedad de ejercicios de estiramiento y algunas vueltas de práctica en la piscina. El estiramiento afloja los músculos y ayuda a prevenir lesiones, mientras que las vueltas de práctica preparan al cuerpo para actuar. Lo mejor es comenzar la rutina de calentamiento con movimientos lentos y cuidadosos aumentando la intensidad de los ejercicios hacia el final de la rutina.

Páginas 14–15

Cómo empieza una carrera Las carreras comienzan con los nadadores alineados detrás de unas plataformas elevadas, o plataformas de partida, en uno de los extremos de la piscina. Cuando suena un silbato largo, los nadadores suben a las plataformas de salida y se colocan en posición. La señal de partida, ya sea dada con una pistola de partida o con un aparato electrónico, marca el comienzo de la carrera. Los nadadores se zambullen en la piscina y comienzan a nadar.

Páginas 16–17

Diferentes estilos Los cuatro estilos de natación que se usan en las competencias son estilo libre, pecho, espalda y mariposa. Los nadadores pueden anotarse en carreras de los cuatro estilos. También hay varias competencias diferentes para cada estilo, que generalmente van de 25 m hasta 1.500 m. En las competencias combinadas, los nadadores hacen los cuatro estilos en una sola carrera. En los últimos años, muchos nadadores han comenzado a usar otra técnica, llamada patada de delfín, al cambiar de dirección al final de la piscina.

Páginas 18–19

Parte del equipo La mayoría de los nadadores compiten como parte de un equipo de natación. Los equipos ganan puntos de acuerdo a cómo se desempeña cada miembro en cada competencia. Los seis mejores nadadores de cada competencia ganan puntos para sus equipos y el que llegue primero obtiene la mayor cantidad de puntos. El equipo con más puntos gana la competencia. También hay una competencia de estilos combinados en equipo. En esta carrera, cuatro miembros del equipo se turnan para nadar y cada persona realiza un estilo diferente en su sección, o tramo, de la carrera.

Páginas 20–21

Me encanta nadar Practicar natación es una excelente forma de mantenerse activo y sano. Es un deporte rápido y enérgico que requiere de fuerza, resistencia y destreza. La natación promueve la salud física y la salud cardiovascular pero el solo hecho de nadar no es suficiente para estar saludable. Para aprovechar mejor los beneficios de la natación, también es importante una alimentación sana. Las frutas, verdura y cereales, por ejemplo, proporcionan al cuerpo la energía que necesita para rendir al máximo.

Step 1
Go to **www.av2books.com**

Step 2
Enter this unique code
AVR92292

Step 3
Explore your interactive eBook!

AV2 Spanish is optimized for use on any device

Published by AV2
14 Penn Plaza, 9th floor, New York, NY 10122
Website: www.av2books.com

Library of Congress Control Number: 2020939000

ISBN 978-1-7911-2908-8 (hardcover)
ISBN 978-1-7911-2904-0 (multi-user eBook)

052020
101719

Printed in Guangzhou, China
1 2 3 4 5 6 7 8 9 0 24 23 22 21 20

Spanish Project Coordinator: Sara Cucini Spanish Editor: Translation Services USA LLC
English Project Coordinator: John Willis Designer: Ana María Vidal

Every reasonable effort has been made to trace ownership and to obtain permission to reprint copyright material. The publisher would be pleased to have any errors or omissions brought to its attention so that they may be corrected in subsequent printings.

The publisher acknowledges Alamy, Getty Images, iStock, and Shutterstock as its primary image suppliers for this title.